Georges G. MIRONESCO
Professeur à la Faculté de Droit de l'Université de Bucarest
Ancien Député et Ancien Sénateur au Parlement Roumain

LE PROBLÈME DU BANAT

(AVEC UNE CARTE EN COULEUR HORS TEXTE)

PARIS
ÉDITIONS ERNEST LEROUX
28, RUE BONAPARTE (VIe)
1919

LE PROBLÈME DU BANAT

DU MÊME AUTEUR :

1. **Les choses qu'on peut léguer** (en roumain).
Bucarest, 1894.

2. **Sur l'histoire du Droit privé romain** (en roumain).
Bucarest, 1896.

3. **Traité du Casier judiciaire.**
Paris, Giard et Brière, 1899.

4. **Analyse du nouveau code de Procédure civile** (en roumain).
Bucarest, 1900; seconde éd. 1904.

5. **Les lacunes du nouveau code de Procédure civile** (en roumain).
Bucarest, 1901.

6. **La notion du Droit** (en roumain).
Bucarest, 1912.

7. **Etudes juridiques** (en roumain).
Bucarest, 1912.

8. **La Roumanie et la Guerre Européenne** (en roumain).
Bucarest, 1915.

Georges G. MIRONESCO
Professeur à la Faculté de Droit de l'Université de Bucarest
Ancien Député et Ancien Sénateur au Parlement Roumain

LE PROBLÈME DU BANAT

(AVEC UNE CARTE EN COULEUR HORS TEXTE)

PARIS
ÉDITIONS ERNEST LEROUX
28, RUE BONAPARTE (VIe)
1919

PRÉFACE

Nous allons examiner, dans les pages suivantes, le problème du Banat, tel qu'il se présente devant la Conférence de la paix.

Dans un premier chapitre, nous exposons les éléments du problème.

Dans les deux chapitres suivants, nous examinons les deux solutions proposées.

Le quatrième chapitre résume les résultats auxquels nous sommes arrivés.

Nous avons ajouté un Appendice, *où nous reproduisons deux articles que nous avons dernièrement publiés sur des sujets en relation avec le problème du Banat.*

Nous donnons enfin, hors texte, une carte ethnographique en couleur.

G. G. M.

Paris, le 22 janvier 1919.

LE PROBLÈME DU BANAT

I

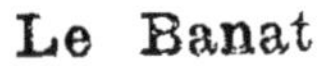

Le Banat

On a pris l'habitude de désigner sous le nom de *Banat* une des provinces roumaines qui étaient sous la domination hongroise : *la Temisiana* ou *Temisoara*.

Le mot *Banat* dérive du mot *ban*, qui signifie chef ou seigneur. Ce titre correspond au titre français de *marquis*. Donc *Banat* signifie simplement : *marquisat*.

Comme la *Temisiana* formait un marquisat, les Magyars l'appelaient *le Banat de Temesvar*, d'où par abréviation on a dit simplement *Banat*.

Cette province, qui a longtemps formé une unité politique, constitue une unité géographique bien définie, séparée des provinces et pays environnants par des frontières naturelles. Elle est entourée de trois côtés par de grands cours d'eau : le Danube, la Theiss (la Tissa) et le Marosh (le Muresh). Sur le quatrième côté une chaîne de montagnes — un rameau des Karpathes — forme sa frontière.

Le Banat est un carré irrégulier, ayant une superficie de 28.523 kilomètres carrés.

Au point de vue administratif, cette province est actuellement divisée en trois départements — appelés *comitats*, — qui sont subdivisés chacun en plusieurs arrondissements.

Les départements partagent la province en trois sections longitudinales inégales, parallèles à la Theiss (Tissa) et à la chaîne de montagnes. Ce sont : le département de *Torontal*, qui longe la Theiss (Tissa) et a une superficie de 10.016 kilomètres carrés ; le département de *Caras-Severin* (Krassó-Soreny), qui longe les montagnes et a une superficie de 11.047 kilomètres carrés et le département de *Temes* au milieu des deux autres avec une superficie de 7.433 kilomètres carrés.

* * *

Le chiffre total des habitants du Banat était, en 1910, d'après la statistique officielle hongroise, de 1.582.133, dont 466.147 dans le département de Caras-Severin, 500.835 dans le département de Temes et 615.151 dans le département de Torontal.

La même statistique constatait que, d'après la langue maternelle (1), il y avait, dans le Banat, 592.049 Roumains, 387.545 Allemands, 284.329 Serbes, 242.152 Hongrois (Magyars) et 76.058 habitants d'autres nationalités.

Nous sommes obligés de nous rapporter aux statistiques officielles hongroises, parce que ce sont les seules statistiques officielles pour la région. Mais il est avéré que ces statistiques sont arrangées au détriment des nationalités non-magyares. Le nombre des Roumains surtout y est considérablement diminué, parce que l'élément roumain, compact, nombreux et attiré par un état voisin florissant, présentait pour la Hongrie le plus grand danger.

D'ailleurs, la statistique religieuse hongroise met elle-même, partiellement, en évidence, la « déformation » de la statistique faite d'après la langue maternelle.

Tous les publicistes et savants étrangers qui se sont occupés de la question l'ont constaté (2).

(1) La statistique hongroise désigne par *langue maternelle* la langue nationale de l'individu.

(2) Voyez par exemple : Arthur Chervin, *L'Autriche et la Hongrie de demain* (Paris, 1915), p. 7; Seton Watson, *Roumania and the great War* (London, 1915), p. 76.

C'est pour cela qu'on a l'habitude de rectifier les chiffres de la statistique des langues maternelles par les chiffres de la statistique religieuse, pour se rapprocher de la réalité.

En faisant cette rectification, nous constatons que le nombre total des Roumains du Banat, résultant des statistiques magyares, est de 615.336.

Le véritable nombre des Roumains est, en réalité, supérieur de beaucoup à ce chiffre en partie rectifié.

La population aborigène du Banat est la population roumaine, formée par la fusion des Romains et des Daces, — la Dacie, dont faisait partie le Banat, ayant été conquise par les Romains au commencement du second siècle de l'ère chrétienne.

Le Banat subit, après d'autres invasions, celle des Magyars au IXe siècle. Mais c'est seulement au XIe siècle que les Magyars s'établissent plus nombreux dans le pays. Cette province est tombée alors sous la suzeraineté des rois de Hongrie, en gardant toutefois une autonomie complète.

Au milieu du XVIe siècle, les Turcs ont conquis le Banat et l'ont gardé plus d'un siècle et demi (1).

(1) Vers la fin du XVe siècle et au XVIe siècle, sous la poussée des Turcs, qui avaient envahi et ensuite ont conquis la Serbie, des immigrations serbes eurent lieu

Au commencement du XVIIIe siècle, l'Autriche, chassant les Turcs, annexa cette province. Elle l'a colonisée, en y faisant venir des Allemands et des Serbes et aussi quelques groupes de Lorrains et de Tchéco-Slovaques.

En 1867, par suite d'un compromis conclu entre l'Autriche et la Hongrie, le Banat passa sous la domination hongroise. La Hongrie a commencé, en 1872, une colonisation systématique du Banat avec des Magyars.

*
* *

Actuellement la situation du Banat est celle-ci: Pour les Roumains, le Banat fait déjà partie de la Roumanie. — Les Roumains de Transylvanie, du Banat, de la Crishane et du Maramuresh, après s'être séparés de la Hongrie, ont constitué un État indépendant.

Une assemblée générale de cent mille Rou-

dans le Banat. Mais, de cette population serbe, dont on ne saurait, d'ailleurs, déterminer exactement l'importance, il ne restait rien ou presque rien au commencement du XVIIIe siècle. Une bonne partie avait repassé le Danube et était retournée en Serbie, le reste avait en partie émigré vers le centre de la Hongrie et en partie avait péri au cours des guerres qui bouleversèrent cette région surtout pendant le XVIIe siècle.

mains, qui eut lieu à Alba-Julia (en Transylvanie) le 1er décembre 1918, a institué un conseil de 200 membres qui fait fonction de Constituante du nouvel état. Elle a nommé aussi un gouvernement qui a assumé le pouvoir souverain sur toutes les provinces roumaines qui ont fait partie de la Hongrie.

Le Gouvernement du nouvel état, d'accord avec la Constituante et s'appuyant sur une décision de l'Assemblée générale d'Alba-Julia, a proclamé l'union du nouvel Etat roumain avec la Roumanie. Le Banat est donc officiellement uni avec la Roumanie.

Mais les troupes serbes ont pénétré dans le Banat, ont occupé la partie occidentale du pays et ont empêché par la force le rattachement de cette partie du Banat au nouvel Etat Transylvain (1). Les Serbes prétendent avoir des droits dans le Banat. Ils détiennent encore maintenant

(1) Les Serbes ont empêché aussi par la force les 200 délégués roumains du département de Torontal de participer à l'Assemblée générale roumaine d'Alba-Julia. Voyez notre article « *Roumains et Serbes* » publié par « *la Roumanie* » du 26 décembre 1918 et reproduit plus loin dans *l'appendice*. Pour répondre à cet acte de violence, l'Assemblée d'Alba-Julia a affirmé solennellement, dans une motion spéciale, le droit des Roumains sur le Banat entier,

(janvier 1919) la partie occidentale de cette province jusqu'à la voie ferrée Arad-Temisoara (Temesvar)-Verschetz, malgré la protestation des Roumains et bien que, par le traité d'alliance, conclu en 1916 avec la Roumanie, les Puissances de l'Entente aient reconnu que le Banat est une province roumaine et qu'il doit être, en son intégralité, uni à la Roumanie.

*
* *

On voit donc en quoi consiste *le problème du Banat* : c'est une contestation entre les Roumains et les Serbes au sujet du droit de leurs nations sur cette province.

Nous allons examiner cette controverse.

Notice Bibliographique

On n'a pas publié jusqu'à présent une monographie spéciale sur cette question. Mais elle a été souvent discutée dans la presse. Parmi les derniers articles publiés sur cette question, nous pouvons signaler, dans l'ordre de leur apparition, les suivants : Notre article, *la question du Banat*, publié par *la Roumanie* du 14 novembre 1918 ; une lettre de M. Emile Moreau, publiée sous le titre : *La question du Banat*, dans *le Temps* du 12 décembre 1918 ; la réponse faite à cette lettre par M. G.

Yakchitch, sous le titre : *le Banat*, dans *le Temps* du 19 décembre 1918; la réplique de M. Trajan Lalesco, publiée, sous le titre : *La question du Banat*, par *la Roumanie* du 26 décembre 1918; notre article publié dans le même numéro de *la Roumanie*, sous le titre *Roumains et Serbes* (et reproduit plus loin dans l'*Appendice*); la réplique faite toujours à M. Jakchitch par M. D. Draghicesco dans le journal *le Rappel* du 1er janvier 1919 sous le titre : *Le Banat de Temesvar*; et notre article *L'occupation du Banat* publié dans *la Roumanie* du 2 janvier 1919. — M. Lalesco cite l'ouvrage de l'abbé J. Griselini, important surtout parce qu'il date du dix-huitième siècle. Cet ouvrage, publié en italien à Milan (1780) sous le titre *Lettere odeporiche*, etc., a été traduit en allemand et publié à Vienne (Autriche) sous le titre : *Versuch einer politischen Geschichte des Temesvaren Banaten.* Il se trouve à la Bibliothèque nationale (à Paris). — Au moment de mettre en page la présente brochure, *la Roumanie* du 23 janvier 1919 annonce l'apparition d'un ouvrage de M. Sévère Bocou (originaire du Banat), sous le titre : *La question du Banat*. Nous regrettons de n'avoir pu prendre connaissance de cette étude (qui d'ailleurs ne se trouve pas encore en librairie). Voir dans le même numéro de *la Roumanie* l'article de M. G. Murnu : *le problème serbo-roumain.*

Les différents documents sur le Banat nous sont fournis surtout par les ouvrages généraux sur l'Autriche-Hongrie ou sur la Hongrie, et par les publications statistiques officielles de l'Autriche et de la Hongrie.

Comme ouvrage spécial, nous pouvons signaler, en dehors de l'œuvre de l'abbé Griselini indiquée plus haut, l'étude du Révérend Père Georges Popovici : *Histoire des Roumains du Banat* (en roumain).

II

Les Revendications des Serbes dans le Banat

Les revendications des Serbes dans le Banat sont plutôt de date récente.

Les revendications nationales de la Serbie ont surtout porté du côté de la Macédoine.

Elle a affirmé aussi ses droits sur la Bosnie et l'Herzégovine.

Quelques patriotes serbes envisageaient également une union éventuelle avec les autres slaves du sud.

Mais, jusque dans les dernières années, la Serbie n'avait point prétendu que le Banat ou une partie du Banat devait lui revenir.

Ces prétentions se sont accentuées surtout au cours de la guerre.

Par l'affirmation de ces revendications, un litige surgissait entre les Serbes et les Roumains, qui ont toujours été amis dans le passé.

Du côté roumain, on a cru que les Serbes finiraient par renoncer à ces prétentions, en raison de leur peu de fondement et en raison aussi du sacrifice important que les Roumains font en faveur des Serbes dans la région du Timok, où trois cent mille Roumains vivent en masse compacte (1).

Comptant sur l'amitié serbo-roumaine et sur ce sacrifice amical consenti par les Roumains en faveur des Serbes, on ne s'est pas beaucoup préoccupé, du cô roumain, des prétentions serbes dans le Banat.

C'est pour cela qu'aucune propagande sérieuse n'a été faite à l'étranger pour mettre en évidence le droit des Roumains sur le Banat et le mal fondé des prétentions serbes.

Les Serbes ont profité de cette abstention

(1) Le chiffre le plus élevé reconnu par les statistiques officielles serbes est de 159.510 (statistique de 1895). Mais, malheureusement, ces statistiques sont *arrangées* au détriment de l'élément roumain, d'après le système magyar. Voyez notre article « *Les Roumains du Timok* » publié par *la Roumanie* du 16 janvier 1916 et reproduit plus loin dans l'*appendice*.

des Roumains, pour faire une intense propagande en faveur de leurs prétentions.

*
* *

Cette propagande serbe, non combattue par les Roumains, a fini par donner à beaucoup de gens de bonne foi l'impression que les Serbes ont des droits sérieux sur une partie du Banat.

Et pourtant il suffit d'analyser sommairement les revendications serbes à la lumière des grands principes de liberté et de justice qui doivent servir de base à la paix prochaine, pour constater que les prétentions serbes sur le Banat ne sont pas fondées.

En effet, le principe fondamental qui doit servir à résoudre les questions territoriales est, naturellement, le principe de la liberté intégrale des peuples. Pour être intégralement libre, tout peuple doit être maître du territoire qu'il habite en majorité.

Les prétentions territoriales des Serbes dans le Banat se fondent-elles sur ce principe de liberté et de justice?

Nullement. *Les Serbes ne sont pas en majorité sur le territoire qu'ils revendiquent dans le Banat.*

Il est facile de le prouver à l'aide des statistiques officielles magyares.

Voici ce qui résulte de ces statistiques :

Si l'on considère le Banat en son entier, les Serbes représentent 18 0/0 de la population (284.000 Serbes sur une population totale de 1.582.000 habitants).

Comme la proportion leur est beaucoup trop défavorable, les propagandistes serbes ont découvert que le Banat ne constitue pas une unité géographique, parce qu'il est en partie plat et en partie montagneux. Ils en ont conclu que le Banat doit être divisé politiquement en deux régions : la plaine et la montagne. La plaine est serbe, disent-ils, tandis que la montagne est roumaine.

L'exactitude de l'affirmation que la partie montagneuse du Banat est essentiellement roumaine ne fait pas de doute : dans cette partie, plus de 72 0/0 de la population est roumaine, tandis que seulement 3 0/0 est serbe (336.000 Roumains et 14.000 Serbes sur une population totale de 466.000 habitants).

Mais l'affirmation des propagandistes serbes que la plaine du Banat est serbe, n'est pas exacte.

En effet, dans cette région du Banat (formée

des deux comitats : Torontal et Temes), seulement 22 0/0 de la population est serbe (269.000 Serbes sur une population totale de 1.105.000 habitants pour cette région).

Les Serbes modérés ont compris qu'il est ridicule de prétendre qu'un territoire doit appartenir à une nationalité qui ne représente pas même le quart de la population du territoire en question.

Ils ont réduit alors leurs prétentions au Comitat de Torontal.

Dans ce comitat les Serbes sont, en effet, plus nombreux. Cependant ils ne forment pas ici non plus la majorité de la population. Ils y représentent seulement 32,4 0/0 (presque le tiers) de la population (199.000 Serbes sur un total de 615.000 habitants).

Mais allons plus loin. Examinons la nationalité des habitants du Banat par arrondissement.

Il est inutile de le faire — les Serbes en conviendront — pour les arrondissements du Comitat de Krasso-Söreny (Caras-Severin), où les Roumains représentent plus de 72 0/0 de la population et les Serbes seulement 3 0/0.

Quant aux deux autres Comitats — Temes et Torontal — voici la situation :

Sur les 11 (onze) arrondissements du Comitat

de Temes, les Serbes ne sont en majorité que dans un seul arrondissement : l'arrondissement de Fehertemplom, où ils représentent 57 0/0 de la population.

Sur les 14 (quatorze) arrondissements du Comitat de Torontal — celui où les Serbes se prétendent indiscutablement maîtres — ils ne sont en majorité que dans 2 (deux) arrondissements, à savoir : l'arrondissement Törok-Becse, où les Serbes représentent 68 0/0 de la population et l'arrondissement Antalfalva, où ils forment 52 0/0 de la population.

Ainsi, somme toute, les Serbes ne sont en majorité que dans trois arrondissements. Et même ces arrondissements ne font pas corps, mais sont distants l'un de l'autre, de sorte que ces trois petits groupes forment des îlots clairsemés.

Quoi qu'on fasse donc, l'on ne saurait constater dans une région de quelque étendue du Banat une majorité serbe qui puisse donner aux Serbes le droit de la revendiquer.

* * *

Cependant on va objecter : il est vrai que les Serbes ne sont en majorité dans aucune région du Banat et ne peuvent revendiquer aucune partie de cette province si l'on applique rigoureusement le principe ethnique, qui est, sous une autre forme, le principe de la liberté des peuples. Mais le mélange des races dans le Banat ne permet pas l'application rigoureuse de ce principe. Il faut le tempérer à l'aide d'autres principes.

Alors il ne s'agit pas d'un droit incontesté des Serbes sur une partie quelconque du Banat. Mais il s'agit d'un compromis en faveur des Serbes.

Examinons aussi cet aspect de la question.

Quels sont les principes secondaires auxquels nous devrons avoir recours ? Dans quel ordre de priorité faut-il les appliquer ?

A ce sujet, les Serbes invoquent surtout la nécessité stratégique. Ils parlent un peu timidement de leurs droits historiques et ils s'élèvent contre les considérations basées sur la fatalité géographique.

***

L'argument militaire des Serbes est celui-ci : il y a une « évidente nécessité d'avoir une couverture pour Belgrade et pour la vallée de la Morava ». Il faut donc s'établir au delà du

Danube pour défendre la capitale de la Serbie et sa principale artère de communications.

Cet argument, qui n'a jamais eu grande force, a perdu, après la guerre qui vient de finir, toute valeur.

Il y a pour cela deux raisons principales.

D'abord, les progrès inouïs accomplis pendant cette guerre par l'artillerie et par l'aviation et les moyens gigantesques qui peuvent être mis en œuvre dans une attaque brusquée enlèvent toute valeur défensive à une armée, campée sur une étroite bande de terrain ayant derrière elle deux grands cours d'eau.

Une seconde raison qui annule l'argument militaire est celle-ci : cet argument est en contradiction avec le but de paix solennellement proclamé : celui d'établir une organisation internationale destinée à empêcher les guerres futures. Nécessité stratégique et Société des Nations jurent ensemble.

* * *

Pour ce qui est du droit historique, j'ai déjà dit que les Serbes en parlent timidement. Et pour cause. Ils sont obligés de reconnaître que les Serbes sont des colons dans le Banat et que la population indigène est la population roumaine.

Quant aux vicissitudes historiques, une seule est, en apparence, en leur faveur : la constitution, en 1849, d'un duché serbe (*Voïvodine*) qui comprenait aussi le Banat. Mais ce duché éphémère — il a duré tout juste onze ans — n'avait que l'enseigne serbe. Il a été organisé par l'Autriche et dépendait d'elle. Les gouverneurs civils et militaires étaient des Allemands, la langue officielle du duché était la langue allemande, etc.

On comprend bien pourquoi les Serbes sont un peu gênés de se prévaloir de cette organisation allemande, pour étayer leurs revendications sur le Banat.

En réalité, si quelqu'un pouvait s'en prévaloir, ce ne sont pas les Serbes mais les Allemands, qui, d'ailleurs, sont plus nombreux que les Serbes dans le Banat.

***

Nous arrivons ainsi à ce qu'on appelle la fatalité géographique.

Les Serbes du Banat sont séparés de leurs frères par deux grands cours d'eau : le Danube et la Theiss (Tissa) et sont englobés dans une province, dont les limites sont vraiment marquées par la nature. En effet, le Banat est un rare exemple d'un pays ayant des frontières naturelles : de trois côtés, il est entouré par trois grands cours d'eau — le Danube, la Theiss et le Marosh ; du quatrième côté, la frontière est formée par les montagnes de Transylvanie.

Doit-on partager cette province entre plusieurs États différents ?

Oui, si des nations différentes avaient des droits incontestables sur des régions déterminées de cette province. Le principe de l'unité géographique devrait alors céder devant le principe fondamental de la liberté des peuples.

Mais telle n'est pas la situation dans le Banat.

Nous avons vu, quant aux Serbes, qu'ils n'ont la majorité absolue dans aucune région du Banat.

Il est évident que si l'on cherchait à appliquer le principe des nationalités pour chaque habitant séparément, il y aurait beaucoup de lopins de terre clairsemés, surtout dans le Torontal, qui devraient être attribués à la Serbie.

Mais, comme un tel morcellement absurde n'est pas admissible, il faut bien se plier à la fatalité géographique.

Les Serbes n'ont qu'à proposer une division territoriale du Banat qui puisse justifier leurs prétentions, sans violer le grand principe de la liberté des peuples.

Ils n'y parviendront jamais.

*
* *

Alors, que doit-on faire?

Pour faire une concession aux Serbes faut-il violer tous les principes sur lesquels va se fonder la paix?

Est-ce admissible?

Est-il même raisonnable que les Serbes demandent aux Alliés une telle injustice?

Car, en définitive, ce qui est une faveur pour l'un est une injustice pour l'autre.

En face des prétentions mal fondées des Serbes, il y a le droit incontestable des Roumains sur le Banat.

Pour rendre justice aux Roumains, il ne faut pas violer les principes qui formeront la base de la paix. Il suffit de les appliquer.

*
* *

Lorsqu'on constate ces choses et lorsqu'on se rappelle le sacrifice fait par les Roumains en faveur des Serbes dans la vieille Serbie, on ne parvient pas à comprendre l'insistance des Serbes de chercher à s'imposer dans le Banat, foulant aux pieds l'amitié serbo-roumaine.

Combien juste est l'observation récente de M. Adrien Veber (*La France libre* du 29 décembre 1918) : « Un autre secret de polichinelle, c'est que la Serbie n'est pas gentille avec la Roumanie et que l'Entente hésite à rappeler à la Serbie que pourtant la guerre est née d'elle et que la Roumanie a été une nation belligérante et qu'elle se sacrifia à la cause commune et fut martyre... (1) »

(1) Nous ne voulons pas aborder ici la question de l'effort accompli et des pertes subies par la Roumanie dans la guerre. Nous en avons parlé dernièrement — d'une manière très sommaire, d'ailleurs — dans notre article *Les titres de la Roumanie*, publié par *Le Rappel* du 20 janvier 1919 et reproduit en partie par *La France* du 21 janvier. — La Roumanie n'a pas été attaquée. La coalition ennemie la ménageait et a sollicité son concours. La Roumanie a refusé de se joindre aux ennemis de l'Entente et s'est rangée du côté des alliés. Elle a attaqué la coalition ennemie, en mettant au service de la cause commune toutes ses forces et toutes ses ressources et en risquant sa propre existence. Epuisée par un effort au-dessus de ses forces, isolée complètement des alliés d'Occident, trahie par l'allié voisin, ayant son armée noyée dans une armée russe trois fois plus nombreuse qui fraternisait avec l'ennemi et menaçait les Roumains, dévastée, pillée, martyrisée par les ennemis d'un côté et par l'ancien allié d'un autre côté, la Rou-

manie a capitulé. Aucun autre pays n'a été dans une situation tellement effroyable. M. A. GAUVAIN a remarqué avec raison que la Roumanie « *n'avait point, comme la Serbie, la ressource d'un exode par la mer* » (dans le *Journal des Débats* du 8 octobre 1918). La Roumanie n'a pas eu, comme la Serbie, l'avantage de pouvoir garder le contact avec les alliés. Au contraire, elle en a été complètement isolée. Les alliés n'ont pu la secourir. L'endurance de la Roumanie (qui a empêché longtemps l'effondrement du front russe à une époque où il aurait été un désastre pour les alliés), sa confiance au milieu de ces misères sans nom, sa lutte contre l'anarchie bolcheviste, ses énormes sacrifices — huit cent mille morts (donc un habitant sur neuf a péri) — ajoutent de nouveaux titres à la bravoure de ses soldats et aux services rendus par ses campagnes de 1916 et 1917.

III

Le droit des Roumains sur le Banat

Nous avons démontré dans le précédent chapitre que les prétentions serbes sur le Banat doivent être écartées. Par cela même, le droit des Roumains sur cette province se trouve confirmé.

En effet, le litige est entre les Roumains et les Serbes. Les autres nations, représentées dans le Banat par des minorités d'une certaine importance — les Allemands et les Magyars — ne disputent pas, en fait, aux Roumains cette province.

Mais, pour mettre mieux en évidence la légitimité des revendications roumaines, examinons le droit des Roumains sur le Banat d'après la méthode employée plus haut pour l'examen des prétentions serbes.

* * *

Le point de départ doit être toujours le principe fondamental pour la sauvegarde duquel les alliés ont combattu et qui doit former une des bases du traité de paix : la liberté des peuples.

Cette liberté implique pour chaque peuple le droit d'être maître sur son territoire, c'est-à-dire sur le territoire dont il forme la majorité de la population (1).

Nous avons vu que les Roumains ont la majorité de la population — et une majorité écrasante — dans le département de Caras-Severin : 72 0/0 de la population, d'après la statistique des langues parlées, 73 0/0 d'après la statistique religieuse et, en réalité, plus de 80 0/0.

Les Roumains ont aussi la majorité absolue dans la moitié du département de Temes.

Ils ont ainsi la majorité absolue sur un territoire de presque 15.000 kilomètres carrés, ce qui représente plus de la moitié du Banat.

(1) C'est dire qu'un territoire doit appartenir à la nationalité qui constitue la majorité de sa population. C'est, sous une autre forme, le principe des nationalités, qui est une conséquence ou un aspect du principe de la liberté des peuples. Voyez notre acticle « *L'heure de la Justice* » publié par le Journal « *La Roumanie* » (de Paris) le 19 décembre 1918.

Pour cette moitié du Banat personne ne saurait contester le droit des Roumains.

Dans l'autre moitié de cette province, les Roumains sont représentés par une minorité assez importante; mais aucun autre peuple n'y est en majorité. Il y a, en réalité, dans cette partie du pays un mélange de races, la majorité relative appartenant aux Allemands.

Le gouvernement autrichien a poursuivi au XVIIIe siècle, dans cette partie du Banat — qui était la plus fertile — une importante politique de colonisation en y amenant des Allemands, des Serbes (1), des Tchéco-Slovaques, et même des Français (des Lorrains).

Il voulait affaiblir l'élément aborigène roumain et assurer la domination autrichienne par l'antagonisme des races. C'était là une application de sa devise : *divide et impera.*

Plus tard, au XIXe siècle, après 1872, le gouvernement hongrois, pour magyariser le pays, a commencé sa colonisation avec des Magyars.

Aucun de ces éléments étrangers n'habite, en masse compacte, une région d'une étendue telle

(1) Sous la poussée des Turcs, qui avaient conquis la Serbie, il y avait eu des immigrations serbes auparavant; mais voyez ce que nous avons dit plus haut à ce sujet, page 10, en note.

qu'elle puisse former l'objet d'une revendication nationale pour les nations colonisatrices.

Les agglomérations créées par les colonisations successives sont des îlôts clairsemés, parmi lesquels l'élément indigène roumain a persisté partout comme une trame, qui maintient l'unité ethnique du pays.

Nous ajoutons à cette brochure une carte ethnographique du Banat, tracée d'après une carte *hongroise et faite sur la base des statistiques officielles hongroises*. On y peut voir le mélange extraordinaire de races qui existe dans la partie occidentale du Banat. Les plus nombreux y sont les Allemands, non pas les Serbes.

S'il s'agissait d'appliquer rigoureusement dans cette partie du pays le principe des nationalités, on tomberait dans l'absurde, car il faudrait créer sur ces quinze mille kilomètres carrés une quantité de petits Etats.

***

Dans l'impossibilité d'appliquer ici le principe fondamental qui doit nous servir de base, que faut-il faire?

On est forcé d'avoir recours à des principes secondaires.

Le droit historique ou plutôt la réparation des

injustices du passé, la fatalité géographique ou le principe des frontières naturelles, l'intérêt de prévenir les guerres futures en empêchant les frictions entre deux nations, les nécessités économiques du pays, la réciprocité de sacrifice entre deux nations sont les principaux principes secondaires qu'on peut appliquer.

Tous ces principes viennent à l'appui du droit des Roumains sur le Banat.

C'est pour cela que nous avons dit dans le chapitre précédent, que pour satisfaire les prétentions des Serbes il faut violer tous les principes qui doivent servir de base à la paix prochaine, tandis que, pour réaliser le droit des Roumains, il suffit d'appliquer ces principes.

*
* *

En ce qui concerne le droit historique, il nous suffira de rappeler que la population roumaine est — personne ne le conteste — la population aborigène du pays et que ce pays a constitué pendant longtemps un Etat indépendant sous un chef roumain.

Les vicissitudes historiques qui ont amené finalement cette province sous l'oppression magyare, l'accumulation des injustices contre la population indigène du pays, toutes les colonisations successives, entreprises pour dénationaliser et supplanter l'élément aborigène, n'ont pu faire perdre à celui-ci ses droits. Ils doivent renaître aujourd'hui quand il s'agit de réparer les injustices qui tourmentent les nations et d'établir un nouveau statut mondial bâti sur la justice.

*
* *

Le second principe énuméré plus haut est le principe des frontières naturelles ou la fatalité géographique.

Nous en avons parlé dans le chapitre précédent. Nous avons montré qu'à ce point de vue le Banat est un exemple caractéristique, ses limites étant vraiment fixées par la nature.

La fatalité géographique s'opposant au partage du Banat entre deux ou plusieurs Etats, il est naturel que cette province doit appartenir à l'unique nation qui a la majorité de la population dans la moitié du pays, qui n'est absente d'aucun recoin de cette province et qui constitue la population aborigène du pays.

Les Roumains du Banat oriental, qui sont le prolongement des Roumains de Transylvanie et de Roumanie, ne sont séparés par rien de la minorité roumaine qui habite le Banat occidental.

Au contraire la minorité serbe, formée par des colonisations successives et dont seulement des groupes clairsemés habitent des contrées du Banat occidental, est séparée de la Serbie par le Danube et la Theiss (Tissa).

Les frontières naturelles sont un gage de paix. Elles ont une plus grande valeur que les fortifications. Non seulement elles servent de défenses en cas de guerre; mais elles préviennent les guerres, en évitant les conflits.

* * *

Ceci nous amène à un troisième principe qui doit être pris en considération.

Le cortège d'épouvantables souffrances amenées par la guerre, qui vient de finir, a imposé au monde civilisé le devoir d'empêcher le retour d'un pareil fléau. Le traité de paix doit donc s'appliquer à écarter toute source de futur conflit.

Or, si l'on faisait pénétrer les Serbes dans le Banat et si l'on mettait ainsi en présence — sans être séparées par aucune frontière naturelle — deux nations qui ont toujours été amies, mais qui ne sont pas d'accord justement au sujet de leurs droits sur cette province, — on offrirait par cela un terrain propice à l'expansion et à l'infiltration réciproque des Serbes et des Roumains et l'on créerait ainsi des occasions de conflit.

Par conséquent au lieu de prendre des mesures pour éviter les guerres, dans l'intérêt général de l'Humanité, on ferait justement le contraire : on préparerait une guerre future.

Un intérêt suprême réclame donc ici — plus qu'ailleurs peut-être — qu'on laisse entre les Serbes et les Roumains la frontière naturelle du Danube.

* * *

Le quatrième principe énoncé plus haut est celui de la nécessité économique.

Les principales richesses du Banat oriental, ainsi que de la Transylvanie, sont les minerais (surtout fer et houille) et les forêts.

Pour que l'exploitation de ces produits lourds soit avantageuse, il faut qu'ils puissent être transportés par voie d'eau. Ils doivent être transportés — comme jusqu'à présent — par le Muresh (Marosh) ou par les canaux du Banat vers la Tissa (Theiss) et le Danube. D'autres canaux doivent encore être creusés pour permettre une intense exploitation de ces richesses.

Or, si l'on partageait le Banat entre la Serbie et la Roumanie, cette dernière serait privée de ces moyens de transport par voie d'eau et mise dans l'impossibilité d'exploiter les richesses de la partie du Banat qu'on lui laisserait, ainsi que les richesses de la Transylvanie. Les conséquences en seraient déplorables au point de vue économique pour la Transylvanie et le Banat oriental.

***

Un autre principe qui de tout temps a été considéré comme base de la justice entre les nations est le système de la réciprocité : réciprocité de charges, réciprocité d'avantages.

Cette réciprocité disparaîtrait au détriment de la Roumanie, si les prétentions serbes sur le Banat étaient admises, en totalité ou en partie.

En effet, nous avons déjà rappelé, dans le précédent chapitre, que la Roumanie a fait en faveur de la Serbie un grand sacrifice, en s'abstenant de revendiquer les 300.000 Roumains qui vivent, en masse compacte, dans le nord-est de la Serbie entre le Danube, la Morava et le Timok (1).

(1) Voyez notre article « *Les Roumains du Timok* », publié par *la Roumanie* du 16 janvier 1919 et reproduit

La Roumanie s'est abstenue même de toute propagande qui, en développant le sentiment de race de ces Roumains, aurait pu susciter des difficultés à la Serbie. La Roumanie a procédé de même pour les 100.000 Roumains de la Macédoine serbe.

Ces sacrifices ne réclament-ils pas de la part des Serbes une contre-partie? Si les Serbes, de leur propre initiative, ne s'offrent pas à user envers la Roumanie d'une juste réciprocité à l'occasion de la question du Banat, n'est-il pas équitable que les Alliés fassent entendre aux Serbes que la justice réclame de leur part un sacrifice analogue à celui consenti par les Roumains en faveur des Serbes?

C'est une question de justice et les Alliés sont appelés à rendre et à imposer la justice.

Si la Serbie tient à tout prix à réaliser ses prétentions sur le Banat, la Roumanie devra réclamer la région du Timok et affirmer ses droits sur les Roumains de la Macédoine serbe.

à *l'appendice*. Voyez aussi l'article *Roumains et Serbes* reproduit à *l'appendice*. Voyez également l'étude *M. Valsan* traduite par *M. Tafrali* (et publiée pendant l'impression de la présente brochure) sous le titre : *Les Roumains de Bulgarie et de Serbie* par G. Vâlsan, traduction par *O. Tafrali*.

***

Cette question présente aussi un autre aspect. En dehors du grand sacrifice fait en faveur de la Serbie par la Roumanie, celle-ci a aidé en plusieurs occasions la Serbie, quelquefois dans des circonstances graves, en la préservant de grands dangers, notamment en 1913.

Ces sacrifices et ces secours, consentis par la Roumanie et qui lui donnent droit à la gratitude de la Serbie, ont maintenu l'amitié serbo-roumaine.

Or, cette amitié serait gravement menacée, si la théorie serbe était que, dans toutes les occasions, la Roumanie doit faire les sacrifices et la Serbie recueillir les avantages.

C'est là plutôt une question morale. Mais elle doit peser dans la balance de la justice, qui sera e fondement de la paix prochaine.

***

Une autre considération importante doit aussi peser dans la balance de la justice.

La Serbie veut récupérer les moindres groupements de ses nationaux partout où ils se trouvent.

Au point de vue serbe c'est compréhensible et même louable.

Mais, en fait, cette justice absolue est impossible. Quelquefois les droits d'autres peuples s'y opposent (comme c'est le cas dans le Banat), quelquefois des renonciations s'imposent dans l'intérêt général, pour maintenir des relations de bon voisinage ou pour assurer la paix mondiale.

La Roumanie, guidée par ces considérations, a fait d'importantes renonciations sur toutes ses frontières. En dehors des trois cent mille Roumains de Serbie, dont nous avons parlé, la Roumanie n'a pas revendiqué les cent mille Roumains qui vivent en Bulgarie sur la rive droite du Danube (donc sur la frontière roumaine). Elle laisse à la Hongrie dans la partie occidentale de la Crishane et dans le nord du Maramuresh un nombre de Roumains, qui, d'après les statistiques hongroises, ne dépasserait pas quelques dizaines de milliers, mais qui en réalité est beaucoup plus grand. Elle ne revendique pas non plus le nombre considérable des Roumains qui vivent en Ukraine entre le Dniester et le Bong, où il y a environ six cent mille Roumains. La Roumanie sacrifie donc ainsi plus d'un million de Roumains. Elle fait des renonciations partout où elle a cru que l'intérêt général réclame de tels sacrifices.

Il serait suprêmement injuste de lui imposer

une nouvelle renonciation dans le Banat, sans raison sérieuse.

*
* *

A ces considérations qui mettent en évidence la légitimité des revendications roumaines sur le Banat, il convient d'ajouter que le droit des Roumains sur le Banat entier a été reconnu par les Alliés depuis 1916.

C'est là pour nous une nouvelle preuve évidente de la légitimité du droit réclamé par les Roumains.

En effet, lorsque quatre des plus grandes puissances du monde ont reconnu un droit à un petit pays, qui, quoi qu'on dise, ne pouvait pas être de taille à imposer ses volontés, c'est que ce droit s'imposait par sa légitimité.

A tous les points de vue donc, le droit des Roumains sur l'intégralité du Banat se justifie entièrement.

IV

Conclusion et Résumé

Nous espérons avoir démontré que, dans la question du Banat, le droit est du côté des Roumains.

Les prétentions serbes sur le Banat ne sont pas fondées.

Le Banat, dans son intégralité, doit être réuni à la Roumanie.

Les raisons qui justifient cette solution de la controverse serbo-roumaine peuvent être ainsi résumées :

1° Les Roumains ont la majorité *absolue* de la population dans la moitié du Banat. Ils ont la majorité relative dans le Banat entier (39 0/0 d'après la statistique religieuse). Les Serbes *n'ont la majorité absolue dans aucune région quelque étendue* du Banat. Ils ont la majorité relative (32,4 0/0) dans un *seul* département.

2° Les Roumains vivent, en masse compacte, dans la moitié du Banat, sur une superficie d'environ 15.000 kilomètres carrés et on lès trouve partout dans les autres parties du pays. Les Serbes manquent presque complètement dans le Banat oriental et se trouvent en îlots clairsemés dans le Banat occidental.

3° Les Roumains sont aborigènes. Les Serbes sont des colons, amenés surtout par l'autorité étrangère qui opprimait les Roumains indigènes et voulait les dénationaliser.

4° La province du Banat forme une unité géographique. Elle est un exemple typique d'un pays entouré de frontières naturelles. De telles frontières étant nécessaires pour assurer une paix stable, il ne faut pas les supprimer, surtout quand aucune raison sérieuse ne le demande. Si les Serbes avaient la majorité absolue dans une partie d'une certaine étendue du Banat, on pourrait ne pas tenir compte des frontières naturelles, pour respecter le principe des nationalités. Mais tel n'est pas le cas des Serbes dans le Banat. Ils ne peuvent se fonder sur le principe des nationalités, ni sur aucun des principes de justice qui doivent être à la base de la paix. Tout ce qu'ils ont en leur faveur c'est le fait d'être, dans un seul département, plus nombreux que les Roumains.

Les Roumains qui sont en majorité absolue dans le Banat oriental forment corps avec la minorité roumaine du Banat occidental. Rien ne les sépare. On ne doit pas les séparer artificiellement contre toute justice. La minorité serbe du Banat occidental est séparée de la Serbie par le Danube et la Tissa.

5° Mettre en présence les États serbe et roumain dans le Banat, c'est préparer une guerre prochaine, par les occasions de frictions et de conflits qu'on créerait ainsi.

6° Pour l'exploitation des richesses minières et forestières du Banat oriental et de la Transylvanie il est indispensable de pouvoir utiliser les voies d'eau qui conduisent au Danube : le Muresh, les canaux du Banat, la Tissa (Theiss). En partageant le Banat entre la Serbie et la Roumanie, on priverait celle-ci de ces moyens de transports indispensables pour les produits lourds qui forment la richesse du Banat oriental et de la Transylvanie. Les principales richesses de ces provinces deviendraient inexploitables. Le développement économique de ces pays serait entravé.

7° La Roumanie a fait, en faveur de la Serbie,

un grand sacrifice, en s'abstenant de revendiquer la région du Timok (dans le nord-est de la Serbie), où vivent, en masse compacte, trois cent mille Roumains (en dehors de cent mille Roumains habitant la Macédoine serbe). Ce sacrifice réclame une contre-partie. Dans la question du Banat, les Serbes ont, pour la première fois, l'occasion d'user d'une équitable réciprocité envers la Roumanie. Cette réciprocité, qui réclame de la part des Serbes un sacrifice inférieur à celui consenti par les Roumains, est une question de justice. Les Alliés donc doivent imposer à la Serbie cette réciprocité, si la Serbie ne l'offre de son plein gré.

8° L'amitié de la Roumanie pour la Serbie s'est manifestée non seulement par le sacrifice sus-indiqué, mais aussi par l'aide donnée à la Serbie, dans des circonstances graves pour celle-ci, notamment en 1913. La Roumanie a donc droit à la gratitude de la Serbie (qui n'a jamais eu l'occasion d'aider la Roumanie). La gratitude ne peut pas s'imposer. Mais l'amitié serbo-roumaine serait gravement menacée, s'il devenait évident que la Serbie ne veut tenir aucun compte des services que lui a rendus la Roumanie. Les Alliés ne peuvent pas encourager la Serbie dans cette voie.

9° La Roumanie fait des renonciations importantes partout, sur toutes les frontières ethniques du peuple roumain : en Serbie, en Bulgarie, en Ukraine, en Hongrie.

Plus d'un million de Roumains sont ainsi sacrifiés par la Roumanie dans l'intérêt de la paix mondiale. Il serait suprêmement injuste de lui imposer aussi une renonciation dans le Banat.

10° La France, la Grande-Bretagne, l'Italie et la Russie ont reconnu depuis 1916 le droit des Roumains sur le Banat entier. A moins d'admettre que ces grandes puissances ont agi à la légère ou qu'elles ont subi la volonté de la petite Roumanie, il faut bien reconnaître que le droit des Roumains sur le Banat s'imposait par sa légitimité.

TABLEAU STATISTIQUE

La population du Banat suivant les indications de la statistique officielle hongroise de 1910

(D'après la Langue maternelle)

	Roumains	Allemands	Serbes	Hongrois	Autres	Total
a) **Caras Severin** (Krasso-Soreny)	336.082	55.883	14.074	33.787	25.721	466.147
Superficie 11.074 km²						
Pourcentage	72 %	12 %	3 %	7 %	6 %	

	Roumains	Allemands	Serbes	Hongrois	Autres	Total
b) **Temes**	169.030	165.883	69.905	79.960	16.057	500.835
Superficie 7.433 km²						
Pourcentage	33 %	33 %	13 %	15 %	6 %	

	Roumains	Allemands	Serbes	Hongrois	Autres	Total
c) **Torontal**	86.937	165.779	199.750	128.405	34.280	615.151
Superficie 10 016 km²						
Pourcentage	14,1 %	27 %	32,4 %	21 %	5,5 %	

	Roumains	Allemands	Serbes	Hongrois	Autres	Total
BANAT ENTIER	592.049	387.545	284.329	242.152	76.058	1.582.133
Superficie 28.523 km²						
Pourcentage	37,4 %	24,5 %	18 %	15,3 %	4,8 %	

OBSERVATION. — *Le chiffre total des Roumains, d'après la statistique religieuse, est de : 615.336.*

APPENDICE

1° Roumains et Serbes

2° Les Roumains du Timok

ROUMAINS ET SERBES (1)

Nous avons plusieurs fois rappelé l'amitié qui a toujours existé entre les Roumains et les Serbes.

C'est un exemple excessivement rare dans l'Histoire : ces deux peuples voisins n'ont jamais eu le moindre conflit (2).

Les écrivains serbes constatant le même fait, ont conclu, comme nous, qu'il est inadmissible que ces deux peuples amis ne parviennent pas à se mettre d'accord sur le seul point en litige entre eux : la question du Banat occidental.

Les hommes politiques serbes ont reconnu, d'ailleurs, l'esprit conciliant des Roumains.

(1) Cet article a été publié dans le numéro du 26 décembre 1918 du journal *La Roumanie* (de Paris).

(2) Voyez l'appel que faisait au peuple serbe il y a un an M. Emmanuel Antonesco, dans l'article *Aux peuples opprimés de l'Autriche-Hongrie* publié par la *Roumanie* du 24 janvier 1918.

M. le comte Voïnovitch constatait ce fait dernièrement : « Les Roumains, disait-il, sont animés à notre égard d'un sincère esprit de conciliation au sujet du territoire du Banat. » (L'*Information* du 1er déc. 1918).

Nous aimons croire que, du côté serbe, le même esprit de conciliation existe.

Et pourtant certains faits récents paraissent malheureusement prouver plutôt le contraire.

Voici quelques-uns de ces faits :

Les Serbes ont envoyé, après l'armistice, leurs troupes dans le Banat, sachant pourtant très bien que le Banat est, dans son intégralité, revendiqué par les Roumains et que les droits des Roumains sur le Banat entier ont été formellement reconnus par les Alliés.

Ensuite, à la faveur de cette occupation militaire, les Serbes ont institué une assemblée nationale de la Batchka et du Banat. Dans cette assemblée, élue à raison d'un représentant par mille habitants, les Magyars et les Allemands sont représentés. Au contraire, les Roumains n'y figurent pas, quoique, de l'aveu même des Serbes, la population roumaine soit assez nombreuse dans la région en question.

Plus tard, les agences serbes ont annoncé que les habitants de Temesvar (Temisoara) ont prié le roi Pierre de Serbie et le métropolite de Belgrade de venir à Temesvar afin de recevoir les hommages de la population.

Les Serbes reconnaissent pourtant et ne sauraient ne pas reconnaître que la population de Temesvar n'est pas serbe. Alors quoi? Veulent-ils prouver que la population roumaine et allemande de Temesvar, pendant que la région est occupée par des troupes serbes, sait judicieusement user du droit de disposer de son propre sort... en faveur de la Serbie? Cela fait penser au système appliqué par les Allemands dans les provinces russes qu'ils voulaient annexer.

Un autre fait est encore plus significatif :

Les Roumains de Hongrie avaient convoqué pour le 1er décembre à Alba-Julia une grande Assemblée nationale, qui avait la mission de décider du sort des provinces roumaines de Hongrie. Toutes ces provinces devaient y être représentées par des délégations élues spécialement pour cette assemblée. Les Roumains des trois Comitats qui composent le Banat ont élu leurs délégués pour l'assemblée. La délégation du Comitat de Torontal était composée de deux cents Roumains. Eh bien, les autorités militaires serbes ont empêché par la force ces délégués roumains de Torontal d'aller participer à la grande assemblée d'Alba-Julia.

On nous affirme même que les autorités militaires serbes ont pris aussi d'autres mesures très dures destinées à intimider le Roumains du Banat. Mais nous ne voulons pas en faire état, avant d'avoir des preuves.

La gravité du dernier fait, que nous avons signalé, ne saurait échapper à personne. Peut-on l'expliquer sans mettre en doute la pureté des intentions des Serbes? Poursuivent-ils simplement la libération de leurs frères ou ont-ils envie d'opprimer d'autres peuples ?

Dans l'intérêt de l'amitié serbo-roumaine nous ne voulons pas pousser plus loin l'analyse des faits susmentionnés.

Nous avons, comme amis, le devoir de dire franchement aux Serbes qu'ils sont en train de glisser sur une pente dangereuse.

Ce n'est pas ainsi qu'ils devraient répondre à l'esprit conciliant des Roumains, reconnu par les Serbes eux-mêmes.

Les Roumains, qui ont en Serbie des frères beaucoup plus nombreux que les Serbes du Banat et vivant en masse compacte — non pas plus ou moins clairsemés comme le sont les Serbes du Banat — se sont abstenus de revendiquer leurs droits dans ces régions de la Serbie, par amitié pour les Serbes. Les Roumains sont allés même jusqu'à éviter toute propagande qui serait de nature à donner à leurs frères de Serbie l'espoir d'une union avec la Roumanie.

Pourquoi les Serbes font-ils justement le contraire dans le Banat?

Arrivés peut-être au terme de leur long effort pour l'unité nationale, le peuple roumain et le peuple serbe, amis toujours dans le passé, se retrouvent liés par des intérêts communs et ayant devant eux les mêmes ennemis irréductibles : les Magyars et les Bulgares.

Est-ce le moment de rompre cette amitié?

Une collaboration amicale des Roumains et des Serbes n'est-elle pas nécessaire pour maintenir leurs droits et pour assurer le progrès des deux nations?

Nous espérons qu'on se rendra compte, du côté serbe, de la nécessité de cette collaboration amicale dans l'avenir et qu'un sincère esprit de conciliation de la part des Serbes viendra raffermir l'amitié serbo-roumaine. Cela d'autant plus que si, dans le passé, les Serbes n'ont pas eu l'occasion d'aider les Roumains, ceux-ci ont aidé les Serbes en différentes graves circonstances et surtout en 1913, de sorte que sur l'amitié serbo-roumaine doit se greffer un sentiment de gratitude de la part des Serbes envers les Roumains.

LES ROUMAINS DU TIMOK (1)

On désigne ainsi habituellement les Roumains qui vivent, en masse compacte, dans la région Nord-Est de la Serbie, entre le Danube, la Morava et le Timok.

Ils habitent quatre districts : Kraïna, Pocharevatz, Morava et Timok et sont plus nombreux dans les deux premiers districts. C'est pour cela que certains ethnographes les désignent sous le nom de : Roumains de Kraïna.

Leur nombre total est de trois cent mille.

Ce n'est pas là le chiffre indiqué par les statistiques officielles serbes.

(1) Cet article a été publié dans le numéro du 16 janvier 1919 du journal « *La Roumanie* » (de Paris). — Voyez sur cette question « *Les Roumains de Bulgarie et de Serbie* » par G. Valsan, traduction par O. Tafrali, publié à Paris pendant l'impression de la présente brochure.

Ces statistiques sont, malheureusement, *arrangées* au détriment de l'élément roumain. Elles appliquent le système magyar, ce qui est facile à constater.

Voici, en effet, ce que nous apprennent les statistiques officielles serbes : En 1846, d'après ces statistiques, il y avait 97.215 Roumains. En 1850 leur nombre était de 104.343. En 1859, il y en avait 122.593. En 1866 nous trouvons le chiffre de 127.326. La statistique de 1884 indique 149.713 Roumains. La statistique de 1895 constate 159.510 Roumains. Enfin, dans la statistique de 1900 nous trouvons 122.429 Roumains. Nous ne connaissons pas les statistiques ultérieures.

En comparant ces chiffres, on voit tout de suite que de 1846 jusqu'en 1884 la population roumaine a augmenté d'une manière à peu près normale et que de 1884 jusqu'en 1895 elle augmente plus lentement; mais qu'ensuite elle décroît *subitement* pour tomber, en 5 ans (jusqu'en 1900), à un chiffre *inférieur à celui constaté* pour 1859 (donc 41 ans auparavant).

Or, comme la statistique n'indique pas une émigration en masse des Roumains dans ces cinq ans (1895-1900) et comme, d'un autre côté, aucune catastrophe ne s'est abattue particulièrement sur les Roumains de Serbie à cette époque, il faut bien se rendre à l'évidence et constater, avec regret, que la statistique officielle serbe est arrangée.

D'ailleurs, cela a été constaté depuis longtemps par la plupart des publicistes et savants qui se sont occupés de la question. Certains d'entre eux ont fait des enquêtes personnelles qui ont confirmé l'inexactitude des statistiques officielles serbes. En 1896, *Kanitz* constatait qu'il y avait 59.525 Roumains dans le district de Pocharevatz. Or, la statistique officielle serbe ne reconnaissait que 41.457 Roumains dans ce district, donc une différence en moins de 33 p. 100.

Pour établir approximativement le chiffre rée des Roumains dans cette région, on peut user du procédé suivant, en s'appuyant toujours sur les données des statistiques serbes.

On pourra prendre comme base le chiffre des Roumains indiqué par une des statistiques anciennes (par exemple celle de 1866) qui étaient moins inexactes, parce qu'on craignait moins alors l'attraction qu'aurait pu exercer la Roumanie sur l'élément roumain de Serbie.

On ajoutera ensuite à ce chiffre l'accroissement normal annuel calculé d'après le coefficient déduit des statistiques officielles serbes.

En faisant ce calcul, on arrive à un chiffre

approximatif de trois cent mille. C'est là, en réalité, un *minimum* (1). M. Seton-Watson, le publiciste anglais bien connu, très favorable aux Serbes, donnait, en 1915, le chiffre de 200.000 Roumains dans la région du Timok. M. Valsan constatait, pour 1912, que le chiffre réel est compris entre 260.000 et 300.000.

La question de savoir si cette population est indigène est vivement discutée.

En tout cas, elle habite cette région depuis très longtemps. On en trouve des traces dès la première moitié du XIVe siècle.

La Roumanie revendiquera-t-elle ces Roumains du Timok?

Nous avons eu l'occasion de dire que la Roumanie, par amitié pour la Serbie, n'a pas réclamé l'union à la Mère-Patrie de cette population roumaine. La Roumanie est allée même jusqu'à éviter toute propagande qui aurait pu susciter des difficultés à la Serbie, en développant le sentiment de race de ces Roumains du Timok. Elle a fait, d'ailleurs, la même chose pour les 100.000 Roumains de la Macédoine serbe.

(1) V. DELATIMOC, *Les Roumains de Serbie* (en roumain), Bucarest, 1907, qui, sur la base du recensement de 1905, admet que le nombre des Roumains de Serbie est supérieur à 350.000.

C'est un grand sacrifice de la part de la Roumanie en faveur des Serbes, un sacrifice qui augmente considérablement la dette de reconnaissance contractée par les Serbes envers la Roumanie, qui les a aidés en 1877 et en 1913.

Mais malheureusement les Serbes ne paraissent pas s'en soucier. Ils ont l'air de dire : « Si la Roumanie a fait de grands sacrifices en notre faveur, si elle nous a aidés dans plusieurs occasions, elle n'a qu'à continuer... » Et ils demandent maintenant que la Roumanie fasse une nouvelle renonciation en leur faveur pour la partie occidentale du Banat, où la population serbe, constituée par des colonisations successives, n'est pas en majorité; mais où elle est, par endroits, plus nombreuse que la population indigène roumaine.

La Serbie veut incorporer les 200.000 Serbes qui habitent la province roumaine du Banat, englobés dans une population étrangère et veut en même temps garder les 400.000 Roumains du Timok et de la Macédoine serbe.

Ce n'est pas possible. Cela ne cadre pas avec la justice et ne saurait convenir à la Roumanie.

L'amitié serbo-roumaine ne peut reposer sur l'idée que, dans toutes les occasions, les sacrifices doivent être du côté roumain et les avantages du côté serbe.

Il faut que les Serbes se décident à faire eux aussi quelque chose en faveur de cette amitié et pour la justice.

Un petit sacrifice de la part des Serbes (sacrifice inférieur de beaucoup à celui consenti par les Roumains en faveur des Serbes) et un peu de justice pourront seuls raffermir l'amitié serbo-roumaine, dans l'intérêt réciproque des deux nations et dans l'intérêt général.

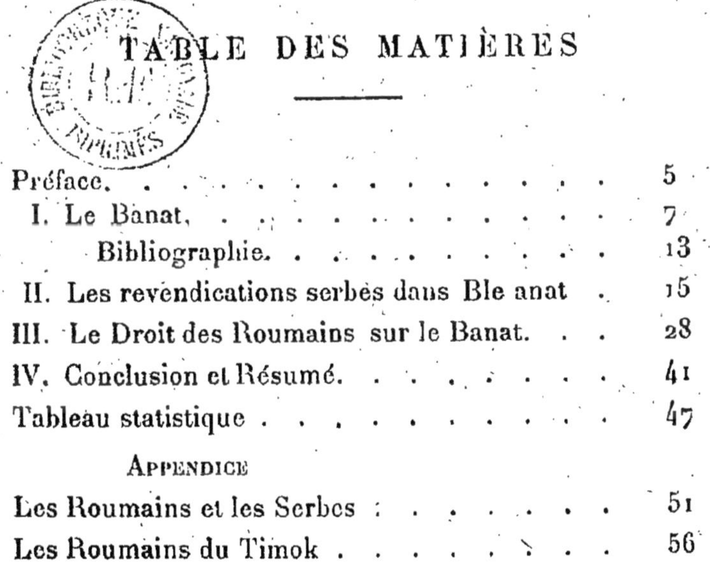

TABLE DES MATIÈRES

INPRIMERIE
ARTISTIQUE
LUX
131 Boul. St Michel
PARIS

IMPRIMERIE
ARTISTIQUE
LUX
PARIS

www.ingramcontent.com/pod-product-compliance
Ingram Content Group UK Ltd.
Pitfield, Milton Keynes, MK11 3LW, UK
UKHW021149220726
13924UKWH00003B/1073